DISSERTATION

SUR LES

SPECTACLES.

SUIVIE DE DÉJANIRE,

OPERA EN TROIS ACTES.

LOUIS XIV.

Au Camp devant Lille donnant aux Comediens
François la permission de jouer
le Tartuffe à Paris.

DISSERTATION

SUR LES

SPECTACLES,

Suivie de DÉJANIRE,

Opéra en trois actes,

PAR M. RABELLEAU.

A AMSTERDAM,

Chez MARC MICHEL REY,

Et se trouve A LYON,

Chez PIERRE CELLIER, Libraire, Quai St. Antoine,

Et A PARIS,

Chez DUFOUR, Libraire, Rue de la Vieille Draperie,
vis-à-vis Ste. Croix, près du Pont Notre-Dame.

M. DCC. LXIX.

DISSERTATION

SUR LES

SPECTACLES.

L'OPINION & le préjugé fur les Spectacles, tous deux contradictoires, ont enfin également triomphé. On court en foule à la Comédie & à l'Opera, mais *incognito :* la mode d'y aller pour s'y montrer eft paffée ; les loges de diftinction y font cachées, baffes, élevées, coupées & grillées ; celles du rang des premières font défertes, & jettent fur la fcéne un air froid & inanimé, qui diffipe le preftige & détruit l'illufion. La loge du Roi n'en a plus que le nom, & la Nation fe voit privée plus que jamais de l'efpoir du bonheur d'y contempler quelquefois fon Maître.

L'opinion qui veut avec raifon trouver

A

un plaiſir innocent & pur aux belles repréſentations du Cid & de Cinna, & le préjugé qui condamne avec non moins de fondement la fréquentation & l'uſage habituel des Spectacles de toute eſpece, ſont-ils donc deux choſes adſolument impoſſibles à concilier ?

Cette importante queſtion fait le ſujet d'une prétendue *converſation* (*) ſuppoſée entre un de Meſſieurs les Intendans des menus & l'Abbé G*** Vicaire de S. S. ingénieuſe & ſéduiſante, mais qui par malheur ne prouve rien.

Mais avant de rien prononcer ſur cette matiere tant diſcutée, parcourons un moment l'hiſtoire du Théâtre ; conſultons les faits, examinons s'ils ſe ſont démentis en aucuns tems, & voyons ſi les ſentimens ont réellement varié, ou bien s'ils ont toujours été les mêmes. La connoiſſance de cette vérité pourra peut-être fixer notre incertitude.

____

(*) Cette *converſation* qui a beaucoup couru manuſcrite, eſt le dernier de tous les ouvrages qui ont paru pour & contre les Spectacles, qui n'ont point décidé la queſtion.

Nous remarquons d'abord que la Tragédie tire son origine chez les Grecs, des fêtes & des cérémonies en l'honneur d'un de leurs Dieux. L'histoire rapporte qu'Iscarias, d'une contrée de l'Attique, qui avoit appris de Bacchus l'art de cultiver la vigne, ayant rencontré un bouc dans celles qui lui appartenoient, l'immola aussitôt à son bienfaiteur, tandis que d'autres, témoins de ce sacrifice, se mirent à danser autour de la victime, en chantant les louanges de Bacchus. Ce divertissement devint annuel, ensuite sacrifice public, cérémonie & spectacle.

Les peuples de cette contrée qui donnerent le nom d'Icarie à la montagne & à la ville qu'ils habitoient, furent les premiers qui immolerent un bouc en mémoire de celui qui avoit ravagé les vignes d'Iscarias.

Vers l'an 3530, la Tragédie, ou *chanson du bouc ou des vendanges*, se jouoit encore par une troupe de Musiciens & de Danseurs, qui chantoient seulement des hymnes à la louange de Bacchus. Thespis fut le Poëte grec qui inventa le premier le Monologue , & introduifit un perfonnage, qui récitoit entre deux chants du chœur , un difcours relatif au fujet qui fut appellé *Epifode.*

Efchile vint enfuite : il joignit un interlocuteur au perfonnage de Thefpis , & imagina le dialogue. Sophocle & Euripide , après lui , coururent la même carriere , & en peu de tems la Tragédie eft arrivée au point de perfection où les Grecs nous l'ont laiffée.

Phrynicus , Cherilus , Efchylus , & ceux qui compoferent dans le goût de Thefpis , ne parlerent plus de Bacchus ; la Tragedie s'écarta de fon but , *dit Plutarque* , & paffa des honneurs rendus à Bacchus , à des fujets de toute efpece. *Cela eft beau* , difoit le peuple , *mais on n'y voit rien de Bacchus.*

Voilà les premiers commencemens de la Tragédie , qu'il ne faut pas confondre avec les Tragédies fatyriques , inventées par Théfée pour amufer les Grecs, dont les acteurs barbouillés de lie , pour être plus femblables à des Satyres , étoient promenés dans des chariots , d'où ils ré-

citoient des paſſages tirés de l'Odiſſée ,
ou de l'Illiade d'Homere , ou de ſon
Margites.

Eſchyle fut le premier qui fit conſtruire
un Théâtre ſolide orné de décorations.
Il maſqua le viſage des acteurs , il les
hauſſa ſur le cothurne , & les revêtit de
robes traînantes , pour leur donner plus
de majeſté. Sophocle , après lui , perfec-
tionna les décorations , augmenta les
chœurs & inventa la chauſſure blanche
pour les danſeurs.

Alors on vit s'élever à Athènes ces
ſuperbes & vaſtes Théâtres , qui ne ren-
doient le ſon de la voix aux ſpectateurs,
qu'à l'aide des vaſes d'airain placés dans
les intervalles des amphithéâtres : Théâtres dont nous n'avons qu'une idée auſſi
imparfaite que de la muſique que les
chœurs y exécutoient.

Nous ſavons ſeulement que rien n'y
étoit épargné pour la commodité des ſpectateurs. Des voiles d'une étoffe précieuſe
étendus ſur des cordages de ſoie , les ga-
rantiſſoient des ardeurs du ſoleil & du
mauvais tems , tandis qu'une infinité de

canaux pratiqués dans les ſtatues qui faiſoient le couronnement de l'édifice, répandoient ſans ceſſe une roſée d'eau parfumée.

La perſpeƈtive des décorations étoit immenſe & en proportion de l'étendue réelle du théâtre. Dans l'Œdipe de Sophocle, la ſcène repréſente une place publique, un palais, un autel, des enfans & des vieillards proſternés, & plus loin, on apperçoit un peuple qui paroît environner les deux temples de Pallas & l'autel d'Apollon. Dans Eleƈtre du même auteur, le Gouverneur d'Oreſte, en arrivant avec lui ſur le ſcène, l'explique en même tems au ſpeƈtateür en ces termes : « Illuſtre rejetton de ce » Prince qui conduiſit l'armée grecque à » Troye, fils d'Agamemnon, il vous eſt » donc permis de revoir l'objet de vos » deſirs. Vous voyez à droite l'antique » ville d'Argos, le bois de la fille d'Ina- » chus & le Lycée conſacré à Apollon. » A gauche c'eſt le célèbre temple de Ju- » non ; la ville où vous arrivez, c'eſt » Mycène ; & ce palais, témoin de tant

» de fanglantes aventures , eft le palais
» des defcendans de Pélops ».

Les frais de ces fpectacles pompeux
étoient toujours faits par l'Etat , qui pouvoit feul les entreprendre. Ces repréfentations brillantes étoient données au
peuple , & elles formoient le fujet ou
l'occafion d'une fête & d'une réjouiffance
publique ; & lorfque l'argent manquoit
quelquefois, on prenoit celui dépofé dans
le temple de Delphes , & deftiné aux
dépenfes de la guerre.

Les auteurs y repréfentoient eux-mêmes , & ils n'étoient rien moins que les
derniers de leur nation. Efchyle étoit à
la fameufe bataille de marathon , qui ré-
pandit une terreur fi grande chez les Perfes , qui caufa l'étonnement de la Grece
elle-même , & infpira aux Athéniens ces
fentimens de grandeur & de fierté dont
Efchyle a rempli toutes fes pieces , &
particulierement fa piece *des Perfes* , qu'il
donna fous l'Archonte Menon , huit ans
après le fameux combat naval de Salamines , où commandoit Léonidas à la tête
des Lacédémoniens , fecondés des Athé-

niens, fous la conduite de Thémiftocle : combat qui fut fuivi des journées célèbres de Platée & de Mycale, qui délivrerent entierement les Grecs de l'inondation des Perfes. Après la mort d'Efchyle, l'eftime des Athéniens fut fi grande, qu'elle alla jufqu'à rendre un decret par lequel l'Etat s'engageoit à fournir le chœur, c'eft-à-dire, les frais des fpeſtacles, toutes les fois que quelqu'un voudroit repréfenter une des foixante & dix pieces qu'il a compofées. Des particuliers en firent auffi la dépenfe. Thémiftocle l'entreprit une fois pour Phrynicus.

Sophocle fils d'un Maître de forges de Colone, bourg de l'Attique, éleve d'Efchyle, étant devenu un citoyen confidérable d'Athène & grand guerrier, commanda les armées avec Périclès ; & il ne compofa fes cent dix fept pieces, que lorfqu'il voulut fe repofer & fe délaffer des fatigues de la guerre. Il avoit près de cent ans, lorfqu'il célébra fa patrie par fa derniere piece d'Œdipe à Colone. Ses enfans l'ayant traduit en Juftice comme un vieillard incapable d'administrer ses biens, il produisit cette piece pour toute réponse. Il joua rarement dans ses pieces, à cause de son peu de voix: Il fut couronné, dit l'histoire, vingt fois. L'Etat alors décernoit des couronnes aux Poëtes qui réussissoient le mieux dans ces compositions.

Euripide né à Salamines dans le tems que les Athéniens y célébroient leurs éclattantes victoires sur les Perses, par des trophées & des hymnes, que Sophocle, jeune encore, chanta à la tête de la jeunesse Athénienne; d'abord disciple du Philosophe Anaxagoras, & ensuite le meilleur des Poëtes de l'antiquité, fut longtems le confident & le favori d'Archélaüs Roi de Macédoine. Il remporta quinze victoires tragiques. Après sa mort, les Macédoniens refuserent son corps aux Athéniens & lui firent élever un tombeau magnifique.

Enfin Aristodème, un des premiers acteurs grecs, fut envoyé en ambassade à Philippe.

Ces auteurs & ces acteurs ne compo-

foient point , & ne jouoient point toujours , puifqu'ils exerçoient des emplois
diftingués dans la République : c'eft pourquoi c'eft mal s'exprimer , que de dire
que l'état de Comédien ait jamais été
honoré en Grece ; c'eft la même chofe
que fi l'on difoit qu'il fût un tems où
cette profeffion fut refpeétée à Rome ,
parce que l'Empereur Néron monta fur
le théâtre , les cheveux chargés de pou-
dre d'or , pour reffembler à Apollon ,
y joua de la lyre & récita des vers
de fa compofition , que fes foldats faifoient applaudir à coups d'épée. *Les Comédiens* , dit M. Rouffeau , (*) *étoient
chargés de certaines fonctions publiques ,
foit dans l'Etat , foit en ambaffade... Ils
ne comptoient point du coin de l'œil les
gens qu'ils voyoient paffer la porte , pour
être fûrs de leur foupé , &c.* Et il tire de-
là la conféquence que la *profeffion* de Comédien étoit un *métier* honoré à Athènes : rien n'eft plus inconféquent. On
exerce quelquefois divers talens , on rem-

(*.) Lettre à M. Dalembert.

plit différentes fonctions , mais jamais deux *métiers*, ni deux *profeſſions* en même tems. De même en parlant des Spectacles des Romains , *la jeuneſſe de Rome*, dit-il *repréſentoit publiquement à la fin des grandes pieces les Attellanes ou exodes ſans déshonneur ; l'opprobre tomboit moins ſur la repréſentation même , que ſur l'état où l'on en faiſoit métier.* Il falloit dire que *l'opprobre* tomboit ſeulement ſur l'état & ſur l'occupation habituelle du Comédien , & point du tout ſur l'exercice d'un moment de la jeuneſſe. Mais quand on a une fois avancé un ſyſtême , il faut bien le ſuivre , & pour ſoutenir que les Spectacles ſont abſolument mauvais en euxmêmes , dans leur eſſence & dans leur principe , il faut le démontrer, bien ou ou mal.

Paſſons maintenant dans cette ſuperbe ville de Rome , & voyons pourquoi les Comédiens y furent mepriſés.

Les Romains ne connurent que très-tard les pieces de théâtre ; ce ne fut que du tems d'Auguſte que la Tragédie parut avec éclat. Occupés d'abord de leurs pre-

mieres conquêtes fur les Carthaginois,
& de leurs diffentions domeftiques, les
Romains n'aimoient alors que les fêtes
où ils célébroient leurs triomphes par
des jeux où le fang des hommes & des
animaux étoit répandu; & leurs mœurs
ne devinrent plus douces, qu'après que,
vainqueurs des Perfes & des Grecs, ils
firent paffer dans Rome toutes les ri-
cheffes de l'Afie. La fcène ne fut plus
enfanglantée, & l'on y put rire fans
crime. On conftruifit des Spectacles fur
le modele de ceux des Grecs. Plaute &
Térence parurent, & donnerent les premiers des Comédies régulieres tirées de
celles des auteurs grecs, d'Ariftophane
& de Ménandre. Ils furent auffi les derniers Poëtes comiques connus. Sous Augufte l'Empire devenu tranquille, pro-
duifit des chefs-d'œuvres de poéfie, mais
d'un genre étranger à la repréfentation.
Rofcius, acteur célèbre dont Cicéron
fait l'éloge, trouvoit fes rôles dans Plaute
& dans Térence. Efope, acteur tragique,
jouoit dans Œdipe de Jules-Céfar, dans Mé-
dée par Ovide, & dans Ajax par Augufte,

les

les trois feules pieces connues, celles de Seneque n'ayant jamais été jouées.

Ces pieces n'étoient données au peuple, que dans des jours de fêtes publiques, ainſi que leurs titres l'annoncent. Les intermedes étoient remplis par des flûtes, & la Muſique étoit vive ou férieuſe, légere ou grave, & relative non feulement au fujet, mais encore aux jours de repréſentation.

La Comédie des Adelphes de Térence traduite de Ménandre, fut repréſentée aux Jeux funébres de L. Emilius Paulus, avec les flûtes Lydiennes ; flûtes qui avoient le fon grave.

Les flûtes Tyriennes avoient le fon aigu, & étoient réfervées pour les jours de réjouiſſance.

Le Phormion & l'Hécire furent jouées aux Fêtes Romaines, l'Andrienne fut donnée aux Jeux de la grande Déeſſe, la Déeſſe Cybele, l'an de la fondation de Rome 587, par ordre des Ediles Fulvie & Gabion chargés du foin des villes, des vivres & des jeux folemnels, par la troupe de L. Ambivius Turpio & de L. Attilius de Preneſte.

On voit pourquoi ceux qui montoient ſur le théâtre à Rome , étoient tenus pour infames ; c'étoient des troupes d'eſclaves gagés par différens maîtres , aux ordres des Ediles. Les Auteurs eux-mêmes faiſoient corps avec eux , ainſi qu'on le remarque dans les prologues de chaque piece qui ſont deſtinés à demander l'indulgence du public pour la piece nouvelle , & à juſtifier l'auteur des critiques des autres. Ils compoſoient à prix d'argent , & vendoient leurs pieces aux Ediles ; Térence vendit ſa comédie de l'*Eunuque* 8000 pieces.

Laberinus , Chevalier Romain , ayant été engagé par Céſar à monter ſur le théâtre à l'âge de ſoixante ans , pour y réciter ſes mimes , ſe plaignit enſuite de ſon malheur amérement. « Après avoir » paſſé ſoixante ans , *dit-il* , ſans aucune » tache , je ſuis ſorti de ma maiſon Chevalier Romain , & j'y rentrerai Comédien ; j'ai vécu trop d'un jour ».

Les Comédies grecques & latines ,

bien plus que l'hiſtoire , nous donnent une connoiſſance plus exacte des mœurs & des uſages des Anciens. Dans preſque toutes ces Comédies les amans font pré‑ ſent à leurs maîtreſſes d'une eſclave qui fait chanter & jouer de différens inſtru‑ mens : c'eſt ainſi que de tous tems les malheureux , du ſein de la miſere , ont cherché par des divertiſſemens à diſſiper les ennuis ſouvent attachés aux plus gran‑ des richeſſes , & à mériter les faveurs de ceux dont ils attendoient des ſecours.

Il eſt encore à remarquer que ce n'é‑ toit point préciſément l'Etat entier , com‑ me chez les Grecs , qui faiſoit la dépenſe des Spectacles ; mais ſeulement la Ville , qui en donnoit le ſoin aux Ediles. C'eſt ſans doute auſſi la raiſon pourquoi ils n'étoient point exécutés avec la même magnificence. Ce n'étoit pas cependant que l'Etat ne pût ſubvenir à ces dépen‑ ſes , ni que de ſimples particuliers , com‑ me chez les Grecs , ne puſſent les entre‑ prendre ; & Cicéron , en ſe plaignant de l'extrême inégalité des richeſſes de ſon tems (*a*), ne permet pas d'en douter.

Sous le regne de Néron , les chofes changerent encore de face en dégénérant. On ne vit plus que meurtres & brigandages dans les mœurs , & le tableau ne fut plus de nature à pouvoir être imité fur le théâtre. Les Romains pafferent en peu de tems d'une vertu cruelle à des crimes féroces. Les peuples du nord profiterent des diffentions civiles ; ils fubjuguerent l'Europe & l'Affrique , & acheverent d'étouffer les lettres & les arts.

Conftantin devenu chrétien , ayant tranfporté enfuite le fiege de l'Empire à

____

(*a*) *Patimur multos jam annos & filemus , cùm videamus ad paucos homines omnes omnium nationum pecunias perveniffe , quod eò magis ferre æquo animo atque concedere videmur , quia nemo iftorum diffimulat , nemo laborat , ut obfcura fua cupiditas effe videatur. ,.. Ubi pecunias exterarum nationum effe arbitramini , quibus nunc omnes egent ; cùm Athenas , Pergamum , Cyzicu᷉ , Miletum , Chium , Samum ; totam denique Afiam , Achaiam , Græciam , Siciliam , jam in paucis villis inclufas effe videatis. (Cic.)*

Bifance, aujourd'hui Conftantinople, &
laiffé le Pape feul dans Rome, cette ville
fameufe ne fe trouva plus compofée alors
que d'un peuple toûjours avide d'amufe-
mens, mais qui n'avoit plus qu'un foible
fouvenir des jeux du Cirque, & couroit
avec empreffement aux farces de Geneft,
converti à la foi, en contrefaifant les cérémonies du batême; & aux repréfentations de quelques mauvaifes pantomimes
au coin des rues, contre lefquelles les Pe-
res & les Conciles s'éleverent, & implo-
rerent l'autorité des Souverains.

Les Poëtes Provençaux, ces célèbres
Trouvers ou Troubadours, qui coururent d'abord les Provinces en chantant
(*a*) les Cantiques fpirituels des Pélérins

(*a*) Ces chants alors devoient être fort peu de
chofe, puifque ce ne fut que vers l'année 1026,
qu'un Moine d'Arezzo, nommé *Gui*, inventa
l'harmonie & la Mufique à plufieurs parties :
avant lui on ne connoiffoit que la mélodie ou le
chant. Ce fut lui qui imagina les lignes, la gamme
& les fix fyllabes *ut, re, mi, fa, fol, la* ; qu'il
prit de l'Hymne de S. Jean, *Ut queant laxis.* Le

de Jérusalem, de S. Jacques, de S. Remi,
& du mont S. Michel, furent ceux qui
se sentirent moins de la barbarie générale.

Les plus connus sont Arnauld Daniel
de Tarascon, qui vivoit en 1189 ; An-
selme Faydit fils d'un Bourgeois d'Avi-
gnon, pensionné du Légat, & ensuite
attaché au service de Richard Cœur-de-
lion Duc de Normandie, en 1199 ; Bru-
net, Gentilhomme de la ville de Rhodez,
pensionné du Roi d'Arragon & du Dauphin d'Auvergne, en 1223 ; Usez & ses
freres Seigneurs du lieu de leur nom,
aux gages de Reynauld Vicomte d'Albu-
son, l'an 1230 ; Perdigon, Gentilhomme
du Gevaudan, au service du Dauphin
d'Auvergne, & ensuite au Comte de Provence, en 1269 ; & Bourneilh, gagé par
différens Princes, en 1278.

On met aussi au rang des Poëtes Provençaux, l'Empereur Fréderic Barberouf-
fe, connu par les vers qu'il fit en 1162,

─────────────────

si, ne fut ajouté qu'après, par un François nommé
Lemaire.

lorſque Raymond Berenger , dit le jeune , vint à Turin lui rendre hommage des Comtés de Provence & de Forcalquier , ſuivi d'une Cour nombreuſe de Gentilshommes & de beaux eſprits , auxquels il diſtribua la récompenſe des Poëtes de ce tems , qui conſiſtoit en armes & en chevaux. On compte encore Philippe V , dit le Long , Roi de France , dont tous les Officiers , à l'exemple du Prince, étoient Poëtes.

Les anciens Poëtes Provençaux ſont ceux qui ont amené la Poéſie en France. Jodelle vint enſuite , & fut le premier Poëte François qui inventa la meſure des vers ; & un autre après, le Poëte Leon, imagina la rime.

Nos vers ſervirent d'abord aux anciens Tournois & Carouſels (*a*) ; & enſuite, après le dernier en 1560, à Orléans , à

____

(*a*) « Les Tournois & Carouſels ont ſuccédé » aux *Cours plenieres* de nos anciens Rois. C'eſt » ainſi qu'on appelloit ces fameuſes aſſemblées, » où, ſur l'invitation du Roi , *tous les Seigneurs

* Ann. 768.

B iv

l'avénement de Charles IX. au Trône,
où le Prince de la Roche-fur-Yon fut tué,

» étoient obligés de fe trouver. On les tenoit deux
» fois l'an, à Noël & à Pâques. Le fujet étoit,
» pour l'ordinaire, un mariage ou quelques gran-
» des réjouiffances; la durée, une femaine, le
» lieu, tantôt le Palais du Prince, tantôt une
» Ville célebre, quelquefois une pleine campa-
» gne, toujours un endroit vafte & capable de
» loger commodément toute la Nobleffe du
» Royaume. La cérémonie ouvroit par une Meffe
» folemnelle. Le Célébrant, avant l'Epitre, met-
» toit la couronne fur la tête du Roi, qui ne
» la quittoit qu'en fe couchant. * Le Monarque,
» durant tout le tems de la fête, ne mangeoit
» qu'en public. Les Evêques & les Ducs les plus
» diftingués avoient l'honneur d'être affis à fa
» table. Il y en avoit une feconde pour les Ab-
» bés, les Comtes & autres Seigneurs. La pro-
» fufion plus que la délicateffe régnoit fur l'une
» & fur l'autre. Chaque fervice étoit relevé au
» fon des flûtes & des hautbois. Lorfqu'on fer-
» voit l'entremets, vingt Hérauts d'armes tenant
» chacun à la main une riche coupe, crioient
» trois fois *Largeffe du plus puiffant des Rois*, &
» femoient l'or & l'argent, que le peuple ramaf-

---

* Ducange, Differt. 4. fur le regne de S. Louis.

on ne les employa plus qu'aux fêtes &
aux bals qui les fuivirent.

On vit en 1564, par ordre de la Reine,

———————————————————

» foit avec de grandes acclamations. Mille fan-
» fares annonçoient & célébroient cette diſtribu-
» tion.

» Les divertiſſemens de l'après-dîner étoient la
» pêche, le jeu, la chaſſe, les danſeurs de cor-
» de, les plaiſantains ou farceurs, les jongleurs
» ou vielleurs, & les pantomimes. Ces derniers
» fur-tout excelloient dans leur art. Ils avoient
» un talent admirable pour inſtruire des chiens,
» des ours & des finges. Ils les formoient à imi-
» ter toutes fortes de geſtes, d'actions, de poſ-
» tures, & leur faifoient jouer une partie de
» leurs pièces.

» Ces Spectacles, toujours très-coûteux pour
» le Prince, n'étoient pas un des moindres amu-
» femens de ces aſſemblées. La fête, fans eux,
» eût paru peu agréable. Tel étoit le goût du
» tems. On peut dire que le regne des Carlo-
» vingiens fut celui des Cours Plénieres. Elles
» étoient magnifiques fous Charlemagne. On y
» voyoit arriver de toute la vaſte étendue de fon
» Empire, des Ducs & des Comtes, qui eux-
» mêmes étoient fuivis d'une Cour brillante, &
» faifoient une dépenſe égale à celle des Rois.

» Cette magnificence alla toujours en décroif-

à Fontainebleau, le Spectacle d'une Comédie de laquelle étoient le Duc d'Anjou, Marguerite de France, le Prince de Condé, le Duc de Guise, la Duchesse de Nevers, la Duchesse d'Usez, le Duc de Retz, Villequier, Castelnau, & au-

---

» sant, depuis Charles le Simple. Louis d'Ou-
» tremer son fils, & Lothaire son petit-fils avoient
» si peu de revenu, qu'ils ne se trouverent pas en
» etat de donner ces superbes fêtes. Hugues Ca-
» pet les rétablit; Robert les continua; S. Louis,
» tout modeste qu'il étoit, y portoit la somp-
» tuosité jusqu'à une espèce d'excès; Charles **VII**
» les abolit. Les guerres contre les Anglois lui
» servirent de prétexte : la vraie raison fut qu'elles
» étoient extrêmement à charge à l'Etat. La No-
» blesse s'y ruinoit au jeu; le Monarque y épui-
» soit ses trésors. Chaque fois il étoit obligé d'ha-
» biller ses Officiers, ceux de la Reine & des
» Princes. De-là est venu le mot, *livreé*, parce
» qu'on *livroit* ces habits aux frais du Roi. . . .
» Il y eut cependant toujours des fêtes à la Cour;
» mais avec plus de galanteries, de politesse &
» de goût : on n'y retrouva ni cette grandeur,
» ni cette majesté qui éclattoient dans les ancien-
» nes Cours plénieres ». (*Histoire de France de*
l'Abbé Velly, seconde race, Pepin.)

tres Seigneurs ; après laquelle Castelnau récita devant le Roi des vers de Ronsard , sur le fruit qu'on peut tirer des Tragédies.

En 1573 , à l'occasion de l'élection du Duc d'Anjou à la Couronne de Pologne, on vit aux Thuilleries un banquet donné par la Reine mere , avec des appareils de grands frais de théâtres , salles , décorations & divertissemens de toute espèce.

Sous Henri III en 1581 , les nôces du Duc de Joyeuse & de Marguerite de Lorraine belle-sœur du Roi , furent célébrées par des fêtes , festins , mascarades, courses , combats en armes , tant à la barriere comme en lice , & des ballets à pied & à cheval ; les paroles composées par Ronsard , & la Musique de Baïf. On donna dans le Louvre le ballet de Circé , dont la Musique est de Beaulieu musicien de la Reine , & les paroles de M. Daubigné : la Reine , la Princesse de Lorraine , les Duchesses de Mercœur , de Guise , de Nevers & d'Aumale , y danserent sous la figure des Nayades.

Sous Henri IV , on exécuta devant le

Roi deux magnifiques ballets, les 15 Janvier & 12 Février 1595 jour des Brandons; tous deux danſés par Madame, ſœur du Roi. En 1599, à l'occaſion du mariage de cette Princeſſe avec le Duc de Lorraine, fut exécuté un grand ballet diviſé en ſix entrées, où danſerent le Prince de Rohan, le Marquis de Cœuvre, le Duc de Nemours & le Comte d'Auvergne. En 1610 on vit celui du combat de la barriere, danſé à l'arſenal devant le Roi, le jour de Ste. Barbe, par le Prince de Rohan, le Marquis de Roſny, Mrs. de Termes, Marcillac & autres Seigneurs.

Sous Louis XIII, on vit en 1614 le ballet de Dreux danſé par les petits Seigneurs, lors auprès du Roi jeune encore: en 1515, le triomphe de Minerve, ballet danſé par Madame ſœur aînée du Roi, dans la grande ſalle de Bourbon, avant ſon départ pour l'Eſpagne; dans lequel Malherbe a compoſé le récit de berger, *houlette de Louis*, & les paroles de l'air, *cette Anne ſi belle*, &c. En 1618, le grand ballet du Roi, danſé par S. M. à ſeize entrées : en 1619, celui danſé en la ſalle du Louvre, fur l'aventure de Tancrede en la forêt enchantée ; & en 1625, celui des Fées des forêts de S. Germain, danfé par le Roi dans la falle du Louvre.

Enfin on vit fous Louis XIV en 1646, le ballet danfé à Effaune le 18 août, dans la maifon du Sr. Heffelin, Maitre de la chambre aux deniers du Roi, à la réception de la Reine d'Angleterre, du Prince de Galles fon fils, & du Prince Robert fon neveu : en 1651, le ballet de Caffandre, le premier où le Roi danfa au Palais Cardinal : en 1654, le ballet des noces de Thétis & Pélée, Comédie Italienne danfée par le Roi : en 1656, le ballet de Pfiché à vingt-quatre entrées, danfé par le Roi, dont les paroles font de Benferade : en 1659, la Paftorale de l'Abbé Perrin mife en mufique par Lambert, Surintendant de la mufique de la Reine mere ; premier Opéra françois, d'abord joué à Iffi & enfuite à Vincennes, par ordre du Cardinal, devant le Roi, & dans lequel on entendit pour la premiere fois depuis les Grecs & les Romains, un concert de flûtes : en 1663,

le ballet des arts : en 1664, le mariage
forcé, comédie, ballet danſé par le Roi
au Louvre : en 1665, le ballet royal de
la naiſſance de Vénus, danſé par le Roi
au Palais Royal : en 1666, le ballet des
Muſes danſé par le Roi à S. Germain ;
les paroles de Benſerade, à la fin duquel
on repréſenta les deux premiers actes de
Mélicerte & le Sicilien, ou l'amour pein-
tre : en 1669, le ballet de Flore de Benſerade, la Princeſſe d'Elide & Pourceau-
gnac : en 1670, le divertiſſement royal
ou les amans magnifiques, le bourgeois
gentilhomme, la Bérenice de Racine,
dont le ſujet lui fut donné par Madame
Henriette d'Angleterre : en 1671, Pſi-
ché tragi-comédie, compoſée par ordre
du Roi par Moliere, Corneille, Quinault & Lulli, exécutée dans la ſalle
des Thuilleries conſtruite exprès : en
1672, Bajazet de Racine, &c.

Ce ſont ces Fêtes que l'on doit regarder comme les véritables Spectacles qui
ont ſuccédé en France à ceux des Grecs
& des Romains, & non les Spectacles
particuliers qui s'établirent à Paris ſous

differentes formes en éprouvant divers
changemens, & qui forment aujourd'hui
le sujet de tant de disputes littéraires.

Des bourgeois de Paris ayant choisi le
bourg de S. Maur en 1398, pour y représenter les mysteres de la Passion, le
Prévôt de Paris leur fit aussitôt défenses
de jouer sans le congé du Roi, & sous
peine de forfaire contre lui; mais s'étant
pourvûs à la Cour, Charles V voulut
voir leur Spectacle, & le 4 Décembre
1402, il leur donna des Lettres Patentes
pour leur établissement à Paris, à l'hôtel de la Trinité. Ils érigerent leur Société en Confrérie : ils jouerent les Fêtes
& Dimanches seulement, & l'heure des
Vêpres fut avancée. En 1548, sous François I. le Parlement par arrêt du 19 No-
vembre, leur fit défenses de représenter
aucuns mysteres, & de ne plus donner
que des sujets profanes licites & honnêtes : alors deux maîtres maçons, un cour-
tiers de chevaux, un maître paveur &
trois Huissiers étoient les maîtres & gouverneurs de la Confrérie de la Passion,
& propriétaires de l'hôtel de Bourgogne.

Ils se retirerent & louerent leur privilège
& leur hôtel à une troupe de Comédiens, qui se forma sous le titre des *Enfans sans souci* ; nom qu'ils prirent d'une
autre Société, qui, sous Charles VI,
jouoit aux halles dans le même tems que
les Clercs de la basoche repréfentoient
au Palais, jusqu'à ce qu'il leur en fut
fait défenses par le Parlement sous peine
de la hart. Ces Enfans sans souci donnerent, à l'exemple de ceux dont ils avoient
pris le nom, des pièces & moralités, la
plupart tirées du livre du *Jardin de plai-
fance & fleurs de Rhétorique*, *imprimé à
Paris en 1547*, *contenant la doléance de
Megere*, *le fief ou châtel de joyeuse defli-
née*, *le débat du cœur & de l'œil*, *le débat
de l'amoureux & de la dame*, *le Parlement
d'amour*, *la complainte d'un prifonnier d'a-
mour*, *l'amoureux au purgatoire d'amour*,
l'amant entrant en la forêt de triftesse, *&
la mort & réfurrection d'amour*, *par Marguerite de Valois*, &c. En 1559, sous
Henri II. Jodelle & ceux qui le fuivirent
firent jouer leurs pieces fur le théâtre
dressé dans les collèges de Rheims & de

Boncours ;

Boncours ; enfuite ils jouerent à l'hôtel
de Cluni, rue des Mathurins , à lancien
Palais de Julien l'Apoftat , & à la Foire
S. Germain , jufqu'au 6 Octobre 1584 ,
que le Parlement leur fit défenfes de jouer
en quelque lieu que ce foit.

En 1600 il s'éleva un nouveau théâtre
à l'hôtel d'Argens au Marais , formé d'un
démembrement de l'hôtel de Bourgogne ,
fous Henri IV , & enfuite fous Louis XIII.
avec le titre de comédiens de l'EliteRoyale.

En 1608 , Louis XIII. ayant ré-
voqué le privilège des Confrères de la
Paffion , les Comédiens de l'hôtel de Bourgogne ne payerent plus le droit accou-
tumé aux maîtres & gouverneurs de la
Confrérie , & prirent le titre de Troupe
royale. Le Poëte Hardi ; le premier pro-
tecteur des talens du grand Corneille ,
étoit de cette troupe. Comme il étoit
pauvre , il s'engagea par un acte de fociété de fournir à fa troupe autant de
pieces qu'elle en auroit befoin , & leur
tint parole. Il nous refte de lui quarante
& une pieces de fept cent qu'il a compofées. Il étoit contemporain de Rotrou

son éleve, que Corneille appelloit son *pere*, & qui fut ensuite un des cinq Auteurs qui travailloient sous les ordres du Cardinal de Richelieu. Ce fut alors que l'on commença à voir les chefs-d'œuvres dramatiques qui ont illustré leurs auteurs.

En 1629, Corneille donna sa Mélite, piece qui fut présentée à la troupe par Hardi, qui ne fut reçue que sur son témoignage & à sa sollicitation, & dont le succès fut si grand, contre l'attente des Comédiens, qu'ils se séparerent de nouveau & établirent la troupe du Marais.

En 1632, Corneille donna sa tragédie de Clitandre, sa seconde piece & la premiere où il n'y a rien de licencieux.

En 1641, il fit jouer sa tragédie de Polieucte, à l'occasion de laquelle Louis XIII se détermina à accorder aux Comédiens la déclaration du 16 Avril, où après leur avoir été fait défenses de représenter aucune action malhonnête, ni d'user d'aucune parole à double entente qui puisse blesser l'honnêteté publique, sur peine d'être déclarés infâmes, il est ordonné que dans le cas où les Comédiens régleront tellement les actions du théâtre, qu'elles foient exemtes d'impureté, leur exercice qui peut innocemment divertir les peuples de diverfes occupations mauvaifes, ne puiffe leur être imputé à blâme, ni préjudice à leur réputation dans le commerce public, &c.

Mais bientôt les Comédiens fe plaignirent qu'ils ne gagnoient point autant d'argent depuis les pieces de Corneille qu'auparavant, quand ils donnoient des nouveautés moins bonnes, mais plus fréquentes, & dont le public fe contentoit. Ils redonnerent les comédies burlefques de Scaron, dans lefquelles brilla le fameux acteur Jodelet.

Sur la fin de cette année, il fe fit un changement dans les deux troupes. Six acteurs de la troupe du Marais fe joignirent, par ordre du Roi, à celle de Bellerofe, acteur célèbre qui fervit d'original à Corneille pour le rôle de Cinna, & à qui le Cardinal de Richelieu fit préfent d'un habit magnifique, pour jouer le Menteur.

Ces troupes de Comédiens augmenterent fucceffivemeut, & en 1661 on en comptoit cinq, celle de l'hôtel de Bourgogne, celle du Marais, la troupe de Monfieur, au Palais Royal où jouoit Moliere, les Comédiens Efpagnols & ceux de Mademoifelle, rue des quatre vents. Il y avoit encore la falle du jeu de paulme du bel air, rue de Vaugirard près le Luxembourg, où l'on commençoit à jouer les Opéra de Quinault & de Lulli.

En 1673, Louis XIV voulut qu'il n'y eut plus que deux troupes de Comédiens François, ceux de l'hôtel de Bourgogne, & ceux du jeu de paulme de la Bouteille, rue Guénégaud. La falle du Maráis fut démolie, & l'Opéra dont Lulli avoit obtenu le privilège, fut etabli au Palais Royal.

En 1680, le théâtre de la rue Guénégaud fut réuni à la troupe de l'hôtel de Bourgogne par ordre du Roi, & la troupe de Comédiens Italiens qu'ils s'étoient affociés, & qui jouoit alternativement fur leur théâtre, fe trouva feule en poffeffion de l'hôtel de Bourgogne, où ils continuerent leurs répréfentations jufqu'en 1697 , que leur théâtre fut fermé , & ne fut r'ouvert qu'en 1616 , en faveur de la troupe de M. le Duc d'Orléans Régent , qui porta d'abord fon nom , & qui eft celle qui fubfifte aujourd'hui.

En 1685 , Madame la Dauphine , de l'agrément du Roi , fit faire elle-même le réglement de la troupe des Comédiens François : leur contrat de réunion, leurs penfions , le nombre de leurs parts, le droit que chacun y auroit , enfin tout ce qui les intéreffe , eft arrêté par ce réglement , & les premiers Gentilshommes , comme auparavant , font nommés pour leur faire favoir les ordres du Roi, par les Intendans des Menus & Contrôleurs de l'argenterie en exercice , en la maniere accoutumée.

Enfin le 20 Juin 1687 , le Lieutenant de Police , de l'ordre du Roi , leur ayant fait dire de quitter dans trois mois leur théâtre & de s'établir ailleurs , à caufe de la proximité du College Mazarin ; après différentes acquifitions dans tous les quartiers de la ville , & un arrêt du

Confeil qui les déchargea de leurs divers engagemens , ils s’établirent en 1689 au jeu de paulme de l’étoile , rue des foſſés S. Germain-des-prés , où ils font. Telle eſt en peu de mots l’hiſtoire de nos théâtres.

Il y a donc toujours eu de tout tems , comme on vient de le voir , des Spectacles chez tous les peuples , mais ſous des formes différentes. Ce font ces formes qui doivent en conſtituer la nature.

La nature eſt une dans ſon principe ; les différentes modifications feules la diverſifient & donnent une nature particuliere à chaque eſpèce différente ; & cela eſt vrai au figuré comme au phyſique , & peut s’appliquer aux différens genres de Spectacles.

Les Grecs ont eu des Spectacles , où ceux qui repréſentoient étoient les perſonnages mêmes de la nation : ils ont dû y être honorés. A Rome, au contraire , les Comédiens étoient des troupes d’eſclaves , aux gages de différens maîtres eux-mêmes gagés par les Ediles. La condition de cette claſſe d’hommes , qui dans

les fêtes ne prenoient part à la douleur
commune ou à l'allégreffe publique , qu'à
proportion du lucre particulier qu'ils en
retiroient , ne pouvoit avoir rien que de
vil. En France c'eſt encore une queſtion
de ſavoir ſi nous avons eu réellement
des Spectacles & des fêtes.

La Bruiere a dit que dans quelques ſie-
cles , lorſque la poſtérité entendra parler
d'une ville dans laquelle il n'y avoit ni
jeux , ni cirques , ni places publiques ;
où les hommes couroient dans les rues
comme en s'évitant , & alloient en tems
de paix dans les temples & dans les cer-
cles de femmes avec une arme offenſive
à leur côté , on croira que nous avons
toujours été barbares. Nous ſommes en
effet encore bien éloignés de l'ancienne
urbanité des Grecs & des Romains , &
nos ſalles n'ont rien moins que l'éclat
brillant qu'entraîne avec ſoi l'idée d'un
Spectacle. Il n'y a aucun écrivain , aucun
auteur , aucun etranger qui ne ſe ſoit
récrié ſur la petiteſſe de nos ſalles ; mais
on n'a rien fait de plus.

On s'amuſe à de vaines diſſertations

dans tous les genres de littérature, Romans, Hiſtoires, Comédies, Opera même ; tout eſt diſſertation, & voilà tout. Il ſemble que plus on s'éloigne des premiers tems & de leur premiere ſimplicité, & plus on ne diſſerte ſur la nature, le principe & l'origine de chaque choſe, que parce qu'on en a perdu l'idée primitive.

C'eſt par une ſuite de la foibleſſe de l'eſprit humain, que dès que quelques hommes ont fait un pas en avant dans la carriere, les autres auſſitôt ſe ſont occupés à les conſidérer & à voir s'ils n'ont point voulu indiquer quelques routes nouvelles. Souvent la critique & l'envie ont cherché à le perſuader ; mais après bien du tems perdu en obſervations, on eſt tout ſurpris de voir qu'il n'eſt queſtion que de reprendre la route tracée, & de marcher quelquefois bien loin ſur les pas de ceux qui nous ont précédé.

Un voyageur qui veut arriver promptement au terme de ſa courſe, ne s'amuſe point à conſidérer le chemin qu'il

a parcouru, il ne regarde point en ar-
riere, il n'eſt occupé que de ſon but,
il l'a ſans ceſſe préſent à ſes yeux ; &
lorſqu'il eſt prêt à l'atteindre, il en fait
encore l'objet de ſes deſirs & de ſes craintes. C'eſt ainſi qu'il faut marcher à grands
pas dans le chemin de la vérité.

En conſidérant les Spectacles dans leur
principe, on voit qu'ils ont deux origi-
nes. La premiere eſt celle qui remonte
à la poéſie elle-même, qui a pour objet les hymnes, les cantiques, la religion
& les fêtes publiques. Nos Chantres dans
nos Egliſes ſe promenent encore au chœur
pendant l'Office, parce qu'anciennement,
non ſeulement on y chantoit, mais encore on y danſoit. L'autre origine eſt celle
de la profeſſion de Comédien, qui tient
au commerce & a commencé avec lui.
Les premiers Marchands ont dû être ceux
connus aujourd'hui ſous le nom de Char-
latans, Joueurs de Gobelets & de Marion-
nettes dans les places publiques. Les ſe-
conds ſont les Marchands forains, qui
ont avec eux les Farceurs, Bateleurs &
Gladiateurs. Enfin les villes devenues con-

fidérables, & les Marchands détaillans de toutes efpèces ayant eté réunis en corps, des troupes de Comédiens ont commencé à être fédentaires comme eux. On voit dans l'hiftoire, que S. Louis ayant établi un droit de péage à l'entrée de Paris fous le petit Châtelet, un des articles du tarif portoit que le marchand qui apporteroit un finge payeroit quatre deniers, & que fi c'étoit un Jongleur, il feroit quitte en jouant devant le péager ; d'où eft venu le proverbe, *payer en monnoie de finge.*

L'Auteur de la prétendue converfation entre M. l'Intendant des menus & l'Abbé G* * * demande fur le ton de l'ironie, ce qui réfulteroit d'un *impôt* qui feroit établi *fous le nom de menus plaifirs du Roi,* & qui ferviroit à *payer les frais des Spectacles ?* En plaifantant & fans s'en douter, il a trouvé le moyen de parvenir à concilier l'opinion & le préjugé.

Des falles fomptueufes dans lefquelles la jeuneffe de la Nation de l'un & de l'autre fexe, appellée par fa naiffance ou par des difpofitions naturelles & des talens fupérieurs , à des emplois publics , ou deftinée à paroître à la Cour , viendroit à la fortie des claffes & des couvents, apprendre à s'énoncer avec décence & avec graces , & repréfenter des jours mémorables choifis dans l'hiftoire , devant une multitude de fpeétateurs qui n'auroient acheté le droit d'y entrer , que pour contribuer aux fommes immenfes que produiroit ce droit , feroit peut-être le projet le plus beau que l'on pourroit exécuter , pour la renaiffance des lettres qui ont dégénéré , pour l'éducation de la jeuneffe encore imparfaite , & pour le bien & l'avantage général de la Nation.

Que les lettres ayent dégénéré , cela n'eft que trop vrai & perfonne n'en doute. Eft-ce , comme on le prétend , parce que les fujets font épuifés ? tout eft-il dit ? & n'a-t-on plus rien à dire ? On ceffera de le croire , quand on verra ce raifonnement démenti par l'expérience. La Bruiere a dit que depuis cent ans les Auteurs qui nous ont prédédé ont moiffonné dans le champ où nous ne faifons plus que glaner ; mais le fait a dèmontré depuis cent ans combien cet illuſtre Ecrivain , qui n'eſt pas exemt d'erreur , s'eſt trompé dans cette remarque. Le champ à moiſ-fonner ſera toujours fertile , lorſque le Souvérain échauffera du feu de ſes regards les germes du talent & du génie prêts à éclore. « Les Princes & les Miniſtres , *dit M. de Fontenelle en parlant de Corneille & de ſa tragédie du Cid*, « n'ont qu'à » commander qu'il ſe forme des Poëtes » & des Peintres, tout ce qu'ils voudront, » & il s'en formera. Il y a une infinité » de génies qui n'attendent, pour ſe dé-» clarer, que leurs ordres & leurs gra-» ces ». On pourroit répondre à cela que les graces ne ſont pas toujours auſſi faciles à répandre , qu'on pourroit ſe l'i-maginer , & que c'eſt dans la bonté de leurs cœurs que les Souvérains éprou-vent combien la puiſſance des Rois n'eſt pas ſans bornes ; mais il ſuffit au moins de cette vérité , pour détruire l'obſer-vation de la Bruiere.

« Il n'y a rien qu'on ne puiſſe dire » aujourd'hui , qui n'ait été dit autre-

« fois », (*a*) difoit jadis Térence, en répondant aux reproches qu'on lui faifoit de ne repréfenter dans fes pieces rien d'abfolument nouveau, & qu'on n'eût déja vû. En effet on ne peut jamais que peindre la nature, les mœurs, les caracteres & les paffions, & offrir aux fpectateurs des imitations dont il doit connoître les modeles. C'eft celui qui peint le mieux, qui eft toujours nouveau.

Les Lettres ont dégénéré, & cependant nous fommes encore bien loin d'avoir imité les Anciens, du moins dans les grandes parties. Les tragédies de nos grands Maîtres ont des beautés qui leur font propres, & ne reffemblent point à celles des Grecs. Ils ne connoiffoient point la divifion des actes : ils avoient des chœurs qui prolongeoient & continuoient la marche de l'action, & qui en faifoient une partie inféparable, loin de la fufpendre comme nos entre-actes,

_____

(*a*) *Nullum eft jam dictum, quod non fit dictum priùs.* (Prologue de l'Eunuque.)

qui ne font imités que des comédies an-
ciennes , & encore très-mal , puifque la
mufique y étoit toujours analogue au fujet. Dans Œdipe de Sophocle , on remarque deux perfonnages qui font deux
bergers, dont un gardoit les troupeaux
de Laïus , & dans Iphigénie en Tauride ,
d'Euripide , Orefte & Pylade font arrê-
tés par des bergers. Les premiers Rois
de l'hiftoire font ainfi repréfentés comme
les premiers Pafteurs du monde. La parfaite illufion du théâtre , fans doute, loin
de faire trouver ces perfonnages ridicules , leur donnoit au contraire l'expreffion de vérité & le charme du preftige ;
d'autant plus féduifans , qu'ils étoient
pris dans la nature. Le fujet de ces pièces étoit fimple : de même qu'il falloit à Térence deux comédies de Ménandre pour compofer une des fiennes , deux
tragédies des anciens auroient compofé
une des nôtres. Elles reffembloient plutôt à
un de nos opéra , à l'égard defquels il
s'en faut de beaucoup que l'on puiffe
dire que les fujets font épuifés.

Notre fcène lyrique , encore dans l'en-

fance du théâtre (*a*), femble s'être ref-
fentie plus que les autres de la contradiction entre le fyftême de l'opinion &
le fentiment du préjugé , quoiqu'avec
beaucoup moins de fondement , & l'on
diroit que l'on n'a point encore eu jufqu'à préfent une jufte idée de ce genre.

Des divinités céleftes ou infernales,

(*a*) Une preuve inconteftable de cette vérité ,
eft le dernier opéra nouveau , *l'opéra d'Ernelinde* ,
où l'on voit une prifon vafte & fuperbe fuc-
céder à une fortereffe, dont les murailles ne font
guères plus hautes que les hommes , & un temple tout refplendiffant de l'éclat des métaux les
plus précieux , pour lequel on tremble beaucoup
plus que pour les foldats qui viennent s'égorger
jufqu'aux pieds des autels , dans cet afile facré ,
& cela dans un tems où les Rois de la Norvege
font encore portés fur des faifceaux d'armes,
comme au premier acte , & dans lequel il
n'eft fait aucune mention de l'allégorie & de
l'illufion de la fable. On entend auffi , dans cet
opéra , chanter fur la breche de la fortereffe que
l'on vient d'emporter d'affaut , un air commen-
çant par ces mots : *Dans ces afiles doux & tran-
quilles , &c.*

fuſpendues par des cordes , ou pouſſées
par des trapes comme des ſtatues ; des
rois très - peu majeſtueux & des confi-
dens ridicules , qui viennent tous froide-
ment converſer en muſique , dans un lieu
où l'on ne devroit voir que des héros
& des bergers , & des intrigues de comédies , dignes de la compoſition de nos
premiers théâtres , forment tout le ca-
nevas de ce ſpectacle , & l'on finit par
attribuer au genre tous les défauts du poëme. & de la muſique.

Ce ſpectacle cependant conſidéré en
lui-même , peut être auſſi naturel & auſſi
conforme à la vraiſemblance , que les autres. Il n'y a pas moins d'illuſion à entendre parler en chantant , qu'en décla-
mant des vers déja cadencés par les regles de la poéſie. Depuis l'enfant au ber-
ceau qui répand des larmes , ou ſourit
au plaiſir & s'exprime par des accens de
douleur ou de joie , juſqu'au ſoldat qui
marche aux combats & court à la victoire ou à la mort au ſon des inſtru-
mens , tout eſt muſique & harmonie dans
la nature. La belle muſique eſt celle qui

eſt

eft de tous les pays, & peut s'adapter à toutes les langues. Les mots convenus, arrangés avec plus ou moins d'art, peuvent fervir à communiquer avec plus ou moins de force & d'énergie, les penfées & les fentimens, & les différens mouvemens de la paffion. La mufique fait plus ; fa nature eft d'exprimer jufqu'aux tranfports de l'ame : tout parle en elle jufqu'à fon filence, & la fcène lyrique la plus vraifemblable, celle qui fait plus d'illufion, eft un monologue.

Ceux qui nous ont précédé & qui ont imaginé ce genre de fpectacle, femblent l'avoir mieux connu. C'eft d'eux que nous tenons l'ufage, à chaque reprife des différens opéra, de faire imprimer les paroles pour le fpectateur qui doit les avoir à la main, non pour aider à la prononciation de l'acteur, qui, fi elle n'eft pas toujours diftincte, ne doit point être fuppofée telle, mais pour expliquer la fcène, le lieu où elle fe paffe, les noms des perfonnages & le fujet qui les amene.

Un opéra eft un poëme qui doit tenir le milieu entre notre fcène dramatique

D

& la pantomime (*a*). L'une repréfente une intrigue conduite à fa fin par toutes les nuances, les fineffes & l'art du dialogue : l'autre, en s'exprimant dans un degré d'éloignement qui fuppofe dans le fpeĉlateur l'impoffibilité d'entendre les interlocuteurs, ne lui devient intelligible que par les fituations & par des intérêts affez grands & affez vifs, pour que les geftes puiffent fuppléer au défaut des paroles. Le poëme lyrique doit être l'image rapide de différens événemens imprévus d'une aĉlion principale exprimée par des chants, & dont toutes les parties acceffoires font fupplées par le jeu de la pantomime. Les perfonnages ne doivent entrer fur la fcène, y refter & en fortir qu'animés & tranfportés des fentimens les plus grands, les plus vifs & les plus délicats : alors les interlocutions du dialogue deviennent peu de chofe, toutes les fcènes ne font plus qu'un compofé

(*a*) On doit entendre ici la belle pantomime, dans le genre du Speĉlacle de Servandoni, donné aux Thuilleries il y a quelques années.

de monologues enchaînés avec art l'un
à l'autre ; la fin de chaque acte amene
naturellement des fêtes & des danfes , &
l'enfemble de ce fpectacle doit former
une illufion d'autant plus parfaite , qu'il
joint à la cadence des vers & aux charmes de la poéfie , la mélodie du chant ,
l'harmonie des accords , & tout l'enchan-
tement de la Mufique , foutenu par l'éclat
brillant & le preftige de la peinture.

A ce Spectacle , l'unité de lieu peut
renfermer un efpace auffi étendu &
changé dans fes différentes parties aux
yeux du fpectateur , autant de fois que
l'unité d'action & de tems le permet &
l'exige , lorfque rien ne peut ni ne doit
fe paffer en récit.

Il n'en eft pas de même des autres
Spectacles , où un changement de la fcène
fouvent inattendu , & encore moins de-
firé , coupe la vivacité du dialogue , &
arrête & fufpend l'attention du fpectateur , qui veut être toujours également
intéreffé. Il revient encore plus défagréa-
blement fur fes pas , lorfqu'on le ramene
au même lieu qu'il vient de quitter ,

comme dans plufieurs de nos pièces mo-
dernes.

Mais tandis qu'il paroît qu'on n'a pas
encore été d'accord fur les regles conf-
tantes & certaines du poëme lyrique,
il femble que l'on s'efforce d'oublier &
de méprifer les regles des autres théâtres, reconnues depuis tant de fiecles.
On ne fait plus que des dialogues en
Mufique, & l'on renvoie les changemens de décorations à la comédie. On
confond ainfi tous les genres.

Les Lettres, après avoir été portées
à un degré de gloire auffi étonnant que
rapide dans le dernier fiecle, ne jettent
plus de nos jours que de foibles rayons
fans force, fans chaleur & fans vie. Les
Auteurs que nous devons nous propofer
pour modeles, que nous devons conful-
ter, de la lecture defquels nous devons
nous occuper, ne font plus ; ils ont vécu ;
leurs écrits immortels feuls nous reftent.
Pourquoi un fi grand changement ? Quelles en font les caufes ! On peut les ré-
duire à trois. La premiere eft le progrès
même des Lettres. La feconde la cor-

ruption du goût & des mœurs ; & la troisieme est l'esprit d'indépendance & d'une vaine Philosophie, qui affecte de fouler aux pieds toute espece d'ordre & de regle, & qui semble caractériser l'esprit de notre siecle.

Le progrès même des Lettres y a contribué, en ce que depuis le premier Ecrivain du siecle, qui, pour avoir voulu embrasser tous les genres de littérature, n'a été le premier dans aucun, jusqu'à celui qui a le moins de dispositions à l'étude & à la culture des Lettres, & à la pratique des arts & des sciences, il n'est personne qui n'ait l'ambition de vouloir raisonner profondément sur tout. On veut être universel, & l'on n'est que superficiel.

La corruption du goût, celle des mœurs, & le desir de jouir de ces mêmes arts sans peine, a éloigné de l'amour de l'étude & du travail nécessaires pour les approfondir & les perfectionner.

Le désœuvrement, le luxe & l'ennui, plus que l'attrait du plaisir & de la nouveauté, conduisent aux deux salles de

Comédies , trop peu fuffifantes pour la Capitale du Royaume ; & les acteurs, contens d'une recette & d'un gain confidérable , fans autre peine que celle de débiter toujours les mêmes rôles de quelques pièces , une ou deux fois la femaine , plufieurs années de fuite , n'ont plus l'émulation de leur état.

Enfin l'efprit d'indépendance , les opinions particulieres & à foi , les écrits contre les Loix , contre les Lettres & les Arts eux-mêmes , & la défunion dans les affemblees , y ont porté les derniers coups. Les Auteurs du dernier fiecle ne s'affembloient point feulement à l'Académie ; Moliere les réuniffoit à Auteuil. Ils fe voyoient à la fociété du Marais ; ils ne vivoient pas loin de leur patrie.

Un obftacle plus grand encore , c'eft la contradiction entre la gloire de la compofition des pièces de théâtre , & la forte de déshonneur attachée aux repréfentations de ces mêmes pièces ; c'eft la diverfité de fentimens & d'opinions fur cette matiere.

Les premieres Tragédies de Racine

l'ayant brouillé avec Meffieurs de Port-Royal, il compofa deux lettres ; une qu'il fit imprimer, & la feconde qu'il voulut montrer avant à Boileau, & dans laquelle, ainfi que dans la premiere, il foutenoit le parti du théâtre. « Votre » lettre, *lui dit Defpréaux*, eft très-bien » écrite ; mais vous foutenez une mau- » vaife caufe ». Racine déchira cette lettre qui ne vit point le jour, & ne compofa plus que pour St. Cyr, & encore par ordre de la Cour. Il eft étonnant qu'on n'ait point encore pu parvenir à concilier ces différens fentimens.

C'eft ici le lieu de réfuter l'Auteur Dramatique, qui a le plus fortement écrit contre le Théâtre, je veux dire, M. Rouffeau de Genève. Je le réfuterai par lui-même.

Les fciences & les arts, dit-il, *font l'appui des trônes, les fources de l'urbanité & des mœurs* . . . mais *les hymnes en l'honneur des Dieux & les louanges des grands hommes, font la poéfie qu'il faut admettre.* (*a*) Si l'on admet les hymnes,

---

(*a*) De l'Imitation théâtrale.

pourquoi ne point admettre auffi les cantiques & les chants, les récitatifs & les
chœurs ; enfin fi l'on admet le monologue, pourquoi ne point admettre des
interlocuteurs & le dialogue. *Si l'on fouf-*
fre, dit-il, *la Mufe imitative, qui nous*
charme & nous trompe par la douceur de
fes accens, bientôt les hommes n'auront
plus pour objet ni la loi, ni les chofes
bonnes & belles, mais la douleur & la vo-
lupté. Cette conféquence eft encore fauffe.
Pourquoi cette prétendue Mufe feroit-
elle plus dangereufe que les autres ?
Quelle prodigieufe différence y a-t-il
entre le facrifice d'Iphigénie repréfenté
fur une toile où il ne manque aux perfonnages que le gefte & la parole, le
récit de cette aventure fait par un Hifto-
rien, & le drame d'un Poëte foutenu
de l'illufion des décorations, & qui offre
à la fois aux yeux & à l'entendement
des fpectateurs, ces chofes féparées entre
la peinture & l'hiftoire. Quel danger
peut-il y avoir d'un côté plus que de
l'autre ? aucun. S'il doit réfulter quelque
mal d'une de ces chofes, les autres

peuvent produire les mêmes effets.

Il est possible que des hommes aient le cœur sensible, sans avoir le cœur dtoit, & qu'ils se laissent entraîner à la volupté de la douleur ou du plaisir, sans goût & sans regle : mais cela est absolument étranger à la distinction d'un genre de poésie à l'autre, & à la différence qu'il y a entre une hymne seule, & cette même hymne accompagnée de chants & de chœurs.

« *C'est par la fureur du théâtre qu'Athè-* » *nes a péri* », dit M. Rousseau (*a*). Il se trompe encore. Athènes a péri par la fureur de Lacédémone (*b*), par sa trahison envers sa patrie, & son traité d'alliance avec les Perses : trahison digne d'une ville qui peu après donna dans ses

(*a*) Lettre à M. Dalembert.

(*b*) Pour avoir une juste idée de cette ville fameuse, voyez la dissertation sur les causes & les degrés de la décadence des loix de Lycurgue, par M. Mathon de la Cour, qui a remporté le prix de l'Académie & Inscriptions de belles lettres de Dijon, le 28 Avril 1767.

murs le premier exemple de l'infidélité publique (*a*).

Il n'y avoit point de Spectacles à Sparte, mais il y avoit les danses nues des Lacédémoniennes. *Elles étoient couvertes de l'honnêtete publique,* , dit M. Rousseau. Cette honnêteté n'est pas trop facile à concevoir.

Quoi ? ne faut-il donc aucun Spectacle dans une République ? se demande - t - il ensuite à lui - même : au contraire, il en faut beaucoup ; c'est dans les Républiques qu'ils sont nés, c'est dans leur sein qu'on les voit briller avec un air de fête. Mais quels seront enfin les objets de ces Spectacles ? qu'y montrera t-on ? Rien, si l'on veut. Plantez au milieu d'une place un piquet couronné de fleurs, & rassemblez - y

---

(*a*) Agis, Roi de Sparte, ayant voulu renouveller l'ancien partage des terres de Lycurgue, commença par abolir les dettes. Il prit les contrats & les obligations des créanciers, les fit porter à la place publique, & y fit mettre le feu. Agéfilas qui avoit beaucoup de dettes, & qui avoit été le premier à en donner le conseil, dit que de fa vie il n'avoit vû un feu fi clair & fi beau.

le peuple. On peut avoir auffi *tous les ans des rois de l'arquebufe.* Quels raifonne-mens ! & combien l'efprit de fyftême entraîne d'inconféquençes !

Je n'ai jamais conçu, dit-il peu après, *pourquoi l'on s'effarouche fi fort de la danfe & des affemblées qu'elle occafionne, comme s'il y avoit plus de mal à danfer qu'à chan-ter.* Il n'y a aucun mal à danfer ni à chan-ter, mais il y en a à déclamer : quelle contradiction !

Il y a du mal à toutes ces chofes , & il n'y en a aucun ; elles font bonnes en elles-mêmes, l'abus feul en eft dangereux, il peut même être ridicule.

Il eft ridicule qu'à des affemblées où chacun fe raffemble fans fe connoître , & en achetant feulement le droit de s'y rendre, des gens qui ne fe font point encore vûs & qui ne fe reverront peut-être ja-mais , fe livrent aux tranfports de la joie , dont la danfe eft l'expreffion. Cette joie n'eft bientôt plus que celle de la vo-lupté ; & l'honneur y eft en grand dan-ger , malgré la préfence de quelques pa-

rens & celle du Magiftrat, que M. Rouffeau propofe.

Rien ne feroit plus beau, fans doute ;
que des affemblées de plufieurs familles,
où la jeuneffe, fous les yeux de fes parens réunis, non feulement craindroit de
leur déplaire, mais où chacun cherche-
roit encore à mériter par fes foins l'af-
fection & l'eftime de ceux parmi lefquels
il rencontreroit l'objet de fon amour.
Quel doux commerce de fentimens,
quelle volupté pure, quelle harmonie
divine réfulteroient de ces accords mu-
tuels de tendreffe ! Quelle feroit l'union
de plufieurs familles qui chercheroient
ainfi à n'en former plus qu'une, s'il étoit
poffible ! Mais où trouver fur la terre
un fi touchant fpectacle.

On peut faire le même paralelle au
fujet du Théâtre.

Une troupe d'hommes faifant métier
de renoncer à tous parens, à toute patrie, & de courir de ville en ville, jouant
la comédie pour de l'argent, tous les jours
indiftinctement, devant des gens que le
défœuvrement, la diffipation & le ha-

zard y conduifent ; ces Comédiens ne jouaffent-ils d'abord que des pieces les plus épurées , entraîneront néceffaire- ment avec eux le défordre , la licence , & le relâchement des mœurs qui regne toujours au milieu de la multitude. En vain les Souverains rendront des Edits en leur faveur, ils n'en profiteront point. Pour plaire à cette multitude , fembla- bles à une courtifanne qui ne vend le plus fouvent fes faveurs qu'avec répu- gnance & dégoût pour celui qui les ache- te , ils facrifieront d'abord leur goût , toutes les fois qu'ils y feront intereffés , jufqu'à ce que ce même goût une fois corrompu , ne leur laiffe plus aucun fa- crifice à faire.

C'eft à ce goût dépravé de la multi- tude, que l'on doit attribuer le mauvais fuccès , dans fa nouveauté du chef d'œu- vre de Moliere , le Mifantrope , qui ne paffa qu'à la faveur de la farce du Médecin malgré lui. Il ne fallut pas moins à Moliere que tout l'intérêt que Louis XIV prenoit à lui, pour qu'il parvint à mériter la gloire qu'il s'eft ac-

quife. Louis XIV l'encourageoit, le ca-
reffoit, le confoloit & le foutenoit feul
contre les cabales fourdes de la Cour
& de la ville ; fouvent il fe faifoit une
affaire du jeu de fes pieces. Au milieu
de fes brillantes campagnes en Flandres,
au camp devant l'Ifle, il lui figna de fa
main la permiffion d'aller faire jouer le
Tartuffe à Paris. Malgré cela, le jugement & le goût de Moliere ne furent
pas toujours exemts d'erreur ; quelquefois il fut au-deffous de lui-même, &
le Comédien corrompit l'Auteur.

Suppofés au contraire une fociété for-
mée de jeunes éleves, venant déployer
les graces naturelles de la jeuneffe, devant le corps entier de la nation raffem-
blée ; le goût le plus fûr alors éclairera
les talens ; les jugemens feront unanimes
& fans contradiction ; l'émulation de-
viendra générale ; & le préjugé, d'accord enfin avec l'opinion, ne retiendra
plus les productions du génie.

Cet exercice, dans les inftans précieux
de la jeuneffe, fervira encore à perfectionner fon éducation. Les jeunes gens,

en fortant des humanités, inftruits de l'Hiftoire d'Alexandre & de Céfar, n'ignoreront plus jufqu'aux noms des Rois de leur patrie, après Pindare & Horace ils apprendront à connoître les Poëtes François qui ont illuftré les Lettres, ils connoîtront l'Hiftoire & la Poëfie de la nation, & à l'exemple des Grecs, nos Piéces nouvelles pourront n'être plus tirées que de notre propre Hiftoire. Nous avons vu avec quelle fureur le Public s'eft porté aux repréfentations du fiége de Calais, Piéce qui n'a mérité fon fuccès paffager que par l'heureux choix de fon fujet. Les Comédies feront prifes dans les mœurs honnêtes & décentes de la nation, le vice y fera repréfenté fous les véritables couleurs & la vertu dans tout fon jour.

Telles étoient les Piéces Grecques, telle eft Iphigénie d'Euripide où Achille d'abord furpris à la premiere rencontre de Clytemneftre, à la vue de l'époux d'Agamemnon, au milieu d'un camp & de tous les appareils de la guerre, lui demande s'il doit l'éviter, & lorfqu'au

cinquieme Acte Iphigénie veut se sauver à la préfence d'Achile, Clytemneftre la retient & lui ordonne de refter devant celui qu'elle peut regarder comme fon époux ; & dans quel tems ? « Dans le
» tems où l'impiété eft en crédit & va
» tête levée tandis que la vertu eft fou-
» lée aux pieds (*a*) »

Le fameux Acteur Baron fut fi offenfé des termes de l'ordonnance de fa penfion (*b*), qu'il balança pour fe décider à l'aller recevoir : Baron difoit qu'un Acteur, pour devenir parfait, devroit être élevé fur les genoux des Reines , *expreffion peu mefurée*, *mais bien fentie*, dit un des Auteurs de l'immenfe Dictionnaire de l'Encyclopédie. Cette expreffion ne prouve rien pour l'Acteur, il feroit ridicule de penfer qu'il fût poffible que l'héritier préfomptif d'une couronne n'eût d'autre exercice que l'emploi de Comédien; mais avec quels applaudiffemens, avec quelle

---

(*a*) Chœur du quatrieme Acte. Epode.

(*b*) Garde de mon tréfor Royal , payés comptant au nommé Michel Boyron , dit Baron , l'un de mes Comédiens.

satisfaction ,

fatisfaction, avec quels tranfports de joie les fpectateurs verroient des jeunes élèves de l'Ecole Militaire & de S. Cyr, encore fous les yeux du Miniftere chargé du foin de leur éducation, venir repréfenter fur ce théâtre avec toutes les graces naturelles de la jeuneffe, foutenues de la nobleffe de leur naiffance. Ces tranfports pour les jeunes Militaires, feroient l'heureux préfage des victoires fignalées qu'ils remporteroient un jour dans les armées fur les ennemis de leur pays.

Quelle feroit la recette pour le début de tels acteurs ! Le produit excédant de beaucoup les frais du Spectacle, le furplus alors pourroit être employé au foulagement du malheureux contribuable des campagnes, & à l'extinction de la dette nationale, tandis que d'un autre côté, les pièces ramenées à la pureté de l'ancien Théâtre des Grecs, & la comédie devenue réellement l'école du monde, l'amour, peint alors avec les traits du plus pur fentiment, remettroit en honneur le mariage un peu déchu de fon ancienne confidération : & c'eft ainfi que l'exécution de ce projet serviroit au bien & à l'avantage général de la Nation.

L'extrême inégalité des fortunes entre les citoyens d'une même classe, fondée non sur la mérite & les talens, mais sur les fonds d'avance, les crédits, & les intérêts des retards toujours cumulés avec les bénéfices ordinaires du commerce, fait que d'un côté le mariage aujourd'hui confond plus souvent les rangs par les mésalliances, loin de servir à les distinguer; tandis que d'un autre côté des obstacles sans nombre éloignent de cet engagement, & entraînent avec eux le relâchement & la corruption des mœurs, suites nécessaires du luxe & de la misere.

Le luxe a gagné les campagnes : ce n'est pas le luxe des villes qui enleve les hommes à la culture de la terre, mais le luxe même des campagnes. Un Laboureur, ou un Vigneron possesseur de toute l'espèce représentative de son pays, y tient toutes les fermes à loïer ; & le reste, malheureux, craint de former son semblable.

Luxe, eſt un de ces grands mots ſur leſquels les Philoſophes ont beaucoup diſ-ſerté ſans les avoir encore parfaitement défini. Ce qui n'eſt qu'ornement dans la royauté, éclat & majeſté pour le trône, ſplendeur & magnificence pour un grand, eſt *luxe* pour un particulier. Dans ce ſens le luxe ne conſiſte pas préciſément dans les richeſſes, mais dans la diſtribution de ces mêmes richeſſes. C'eſt une choſe de luxe, quand un ſimple particulier a chez lui une chapelle & une comédie, un chapelain & des acteurs à ſes gages. Le luxe des villes a toujours été com-mun, le luxe des Cours & des Rois eſt rare : pour en voir des exemples, il faut remonter aux anciens Rois de Perſe, & à quelques-uns de la premiere & de la ſeconde race de nos Rois. Une Na-tion peut être fort pauvre & plongée dans le luxe ; une autre, au contraire, très-opulente peut ignorer les abus qui en réſultent.

La cauſe de l'inégalité des fortunes, a pour premier principe les emprunts publics, & particulierement ceux qui ne font point établis fur des branches de commerce national, & qui font feulement créés pour fubvenir aux dépenfes d'administration. La partie de l'Etat qui prête, fait néceffairement retomber tout le poids de l'impôt fur celle qui n'a pas eu les facultés néceffaires pour pouvoir en faire l'avance, & ôte en même tems à cette dernière, dans le commerce, la reffource de ces mêmes emprunts. De-là les immenfes fortunes de quelques - uns, qui accumulent l'efpece, & font la loi au plus grand nombre. De-là dans les campagnes les biens fonds fans valeur, & dans les villes les chofes de luxe à vil prix ; tandis que les denrées communes & de néceffité font à un prix fort haut, & relatif à la rareté de l'efpèce : de-là les emprunts de toute nature & toujours onéreux. Le dérangement de la fortune publique entraîne néceffairement avec lui celles des particuliers ; & il n'eft pas plus néceffaire, comme quelques-uns le prétendent, qu'un Etat fe doive à lui-même, qu'il ne l'eft qu'un pere de famille foit le débiteur de fes enfans.

En Ruffie le gouvernement defpotique eft affez heureux, & quelquefois affez malheureux dans les momens d'un befoin preffant, pour que fon defpotifme faffe qu'il n'ait aucun crédit pour emprunter des fujets de l'Empire. On n'y connoît point encore les créations de charges & de finances; la Juftice y eft adminiftrée à peu de frais, & les impôts font perçûs par commiffion par les Seigneurs des terres & les Gouverneurs des Provinces, & dépofés enfuite à la chambre des *rentes. Rente* y eft encore le mot générique & le fynonime de *revenu*.

L'efpèce repréfentative eft aux chofes de commerce, comme un eft à cent; ce n'eft précifément que la balance de l'échange. Cette balance une fois emportée par le poids des emprunts, alors tout eft rompu.

Mais la dette nationale une fois éteinte, auffitôt des maffes d'or & d'argent feront refluées dans le commerce, & y reporteront dans fes différentes branches la circulation, le crédit, l'abondance & l'égalité :

bientôt renaîtront les beaux jours de la France ; & l'on verra, pour la premiere fois, une Nation soudoyer ses armées avec le produit de ses fêtes & de ses jeux.

L'établissement de ce spectacle national seroit d'une éxécution facile, si, loin qu'il ait rien de méprisable, il peut servir au contraire à conduire aux honneurs & aux dignités, & s'il est ordonné que nul ne pourra être admis à aucune place publique à la Cour, dans le Ministère, ou dans la Robe, sans avoir donné des preuves de ses talens dans les premieres années de sa jeunesse, sur ce Théâtre de la Nation.

Ainsi après bien des siecles, nous commencerons pour la premiere fois à tenter d'imiter & de surpasser nos modèles, les Grecs & les Romains, qui eurent de tout tems des Spectacles entretenus aux dépens de l'Etat.

Nous voyons dans notre histoire, que l'Empereur Justinien (*a*) voulant rechercher l'amitié des François, fit proposer

____

(*a*) L'an 540.

aux fils de Clovis, Childebert Roi de Paris, & Clotaire Roi de Soiffons, d'accepter le droit de venir préfider, comme les Empereurs, aux jeux qui fe célébroient dans l'Amphithéâtre de la ville d'Arles.

Quel fpectacle feroit plus intéreffant, que celui de toute une Nation réunie!

Là un pere diroit à fon fils, « Vois » au milieu de cette augufte affemblée, » le meilleur des maîtres & le plus hu-» main des rois. Au fein des batailles, » & volant de conquêtes en conquêtes, » il arrofa de pleurs plus d'une fois les » lauriers de fa victoire. Plus grand lorf-» qu'il éprouva les revers, il vit la mort » lui enlever les objets de fa tendreffe fans » en être abattu ». Ici une jeune beauté en fecret, fe diroit à elle-même, « Voilà » celui qui regne avec tant d'empire fur » les cœurs, & qui par conféquent a » encore bien plus de pouvoir que n'en » avoit le Cardinal de Richelieu, lorfque » le Lieutenant·Général d'Andeli refufoit » d'accorder fa fille au grand Corneille ».

Fin de la Differtation.

DÉJANIRE,

OPERA

EN TROIS ACTES.

AVERTISSEMENT.

Depuis longtems l'Opéra est dans l'ufage dé ne plus mettre que rarement des Héros fur le Théâtre ; on trouve ces perfonnages trop gigantefques, pour un lieu fi petit ; & ne pouvant l'étendre davantage, ce font les Acteurs que l'on ajufte à la fcène. Je ne puis me flatter raifonnablement que l'on conftruife une falle tout exprès pour le Héros de Déjanire, afin de le voir répréfenté dans tout fon jour ; mais fi le projet que j'ai propofé d'un Spectacle de la Nation, pouvoit être approuvé, follicité, entrepris & exécuté, alors le perfonnage d'Hercule y pourroit être moins déplacé. C'eſt comme étant relatif à mon projet, que j'oſe ſoumettre aujourd'hui ce foible ouvráge au jugement du Public.

PRÉFACE.

Plusieurs Poëtes Tragiques ont traité le sujet de la mort d'Hercule. Sophocle a fait les *Trachiniennes*. Eschile, ensuite Séneque, Rotrou & l'Abbé Abeille, tous d'après Sophocle, ont composé un *Hercule mourant* : nous avons aussi un de nos Opéra qui porte ce titre ; mais personne encore n'a donné celui de Déjanire, & le triomphe d'Hercule pour l'obtenir : ce sujet cependant est théâtral, & doit réussir s'il est bien traité.

Déjanire étoit fille d'Œnée, Roi de Calydon ville d'Etolie. Méléagre son frere ayant tué Plexippe & Toxée fils de Thestias, qui lui disputoient la victoire à la chasse du sanglier, dont il offrit les dépouilles à la belle Attalante ; Althée sa mere, pour venger la mort de ses freres, conjura les Euménides, & jetta au feu le tison qui lui avoit

été donné par les Parques à la naiſſance
de ſon fils, & qui devoit périr en même
tems que ce tiſon ſeroit conſumé par les
flammes. La ville de Calydon fut dans
la conſternation ; les peuples gémirent ;
les femmes ſe meurtrirent ; ſon pere in-
fortuné s'arracha les cheveux ; ſa mere,
de la même main qu'elle avoit précipité
le tiſon dans les flammes, ſe plongea
un poignard dans le ſein ; & ſes ſœurs
affligées ſe frapperent, tant que le corps
de leur frere exiſta, & le baiſerent. (*mé-
t morphoſes d'Ovide.*)

Énée n'ayant plus de fils, & voulant
ſe choiſir un ſucceſſeur digne de régner
après lui, promit ſa fille à celui qui
ſeroit le vainqueur de ſes rivaux. Hercule ayant remporté la victoire ſur Achelous, obtint Déjanire, dont il ne jouit
pas longtems par la trahiſon & la robe
empoiſonnée du Centaure Neſſus.

« Invincible Vénus ! pour la main de
» la ſeule Déjanire, dans quels combats
» ſanglans, dans quelles attaques meur-
» trieres de toute eſpece, n'avez-vous
» pas engagé deux braves héros ! L'un

» étoit Achelous, femblable à un tau-
» reau redoutable ; l'autre étoit le fils de
» Jupiter, venu de Thèbes armé d'arcs,
» de piques & d'une maffue.... Cepen-
» dant la belle Déjanire affife fur le ga-
» gazon, attendoit le vainqueur pour
» époux ». (*Chœur des Trachiniennes*,
acte 2.) Tel eft ce qui forme le fujet de
l'opéra de Déjanire.

PERSONNAGES.

ÉNÉE, *Roi de Calydon, ville d'Etolie.*
DÉJANIRE, *fille d'Enée.*
HERCULE.
ACHELOUS.
PHÉNICE, *confidente de Déjanire.*
TROUPE DE GUERRIERS.
UN CHEF DU PEUPLE.
PEUPLES.

PERSONNAGES DANSANS.

La PAIX, la VICTOIRE, la FORTUNE
& l'AMOUR.

La Scène est en Etolie.

DÉJANIRE,
OPÉRA.

ACTE PREMIRE.

*Le Théatre repréfente la première enceinte
du Palais d'Enée.*

SCENE PREMIERE.

DÉJANIRE, HERCULE.

DÉJANIRE.

ARRÊTE, Hercule arrête ! ah grands Dieux !
où cours-tu ?
Où t'entraîne en ce jour ta cruelle vertu ?
Dans ce combat fatal, où ta valeur t'engage,
Parmi tant d'ennemis contre toi plains de rage,
Tu ne crains point de te voir abattu.
Arrête, Hercule arrête ! ah grands Dieux ! où
cours-tu ?

HERCULE.

Je cours vous mériter ; ne verſez point de
larmes,,
Belle Déjanire, hèlas !
Ne retenez plus mes pas.
Déjanire, ſoyez ſans crainte & ſans aḷlarmes.

DÉJANIRE.

D'un rival furieux d'Achéloüs jaloux,
Hercule aumoins redoute le couroux.

HERCULE.

Non, non, je ne crains rien, je ſuis aimé
de vous.

AIR.

Quand un amant vole à la gloire ;
Sur l'aîle des amours,
Toujours,
Il vole à la victoire.

L'amour qui regne dans ſon cœur ;
Anime ſon ardeur,
L'Amour le rend vainqueur.

Quand un amant vole à la gloire, &c.

SCENE II.

DÉJANIRE *seule.*

IL part, & m'abandonne à ma douleur extrême,
Hélas ! pourquoi faut-il que j'aime !

AIR.

Amour ! Dieu féducteur,
Tu m'as foumife à ton empire;
Enchanteur ,
Et malgré ta rigueur,
Rien ne peut te détruire
En mon cœur.

Dans les champs de Bellonne,
Pour y cueillir une couronne,
Hercule en ce moment précipite fes pas;
La faifon du printems , hélas!
La faifon de l'amour , eft celle des combats;
O Dieux ! je tremble, je friffonne !
Amour! Dieu féducteur , &c.

Feuillages verts,
Tendres oifeaux, charmants concerts;
A mon cœur plein d'allarmes,
Vous foffrez peu d'appas;

Beaux lieux, pour moi, vous aurez plus de charmes,

Quand je reverrai les frimats.

Amour! Dieu féducteur , &c.

SCENE III.

DÉJANIRE, PHENICE.

PHENICE.

O tendre Déjanire !

De ton cœur qui soupire ,

Suspens les transports amoureux ;

Enée , avance vers ces lieux.

DÉJANIRE.

Mon pere !

PHENICE.

C'est lui-même.

DÉJANIRE.

O ciel ! où fuir ? où me cacher ?

PHENICE.

Au milieu de sa cour , je le vois s'aprocher,

Cache les pleurs , & ta contrainte extrême.

SCENE IV.

ENÉE, DÉJANIRE, PHENICE,
suite d'Enée.

ENÉE.

TANDIS que dans ce jour,
Les guerriers de ma cour
Se disputent à qui doit avoir l'avantage,
De venir devant moi, vous rendre son hommage,
Pour celui qui fera vainqueur,
Conservez votre cœur,
Ma fille, à lui, je vous engage.

Sur le déclin des ans, je dois à mes sujets,
Un successeur qui sache les défendre,
Aux traits d'un fol amour, gardez-vous de vous
rendre,
Pour mieux seconder mes projets.

Vous êtes par les Dieux placée au rang
suprême,
Pour remplir mes voeux les plus doux ;
Tout autre qu'un héros digne du diadême,
En indigne de vous.

O ! Dieu puissant ! Dieu des combats, protége
　　Le héros le plus vertueux.
　　O Mars ! garantis de tout piége,
Celui qui doit un jour rendre mon peuple
　　heureux.

CHŒUR.

O ! Dieu puissant ! Dieu des combats, protége
　　Le héros le plus vertueux.
　　O Mars ! garantis de tout piége,
Celui qui doit un jour, nous rendre tous
　　heureux.

ÉNÉE.

Dans cette heureufe attente,
O ! jeuneffe brillante !
Exprimez ici par vos pas,
Toute l'ardeur de nos combats,
De vos exploits la gloire de votre âge,
Préfentez à mes yeux l'image

On danfe.

Fin du premier Acte.

ACTE II.

Le Théâtre repréfente un côté de l'arène du combat d'Hercule.

SCENE PREMIERE.

ACHELOUS, *Troupe de Guerriers.*

ACHELOUS.

QU'IL tarde à ma fureur de voir ici paroître,
Le rival de ma gloire, ainfi que de mes feux !
Enfin, je l'apperçois... Tu va bientôt connoître.
Guerrier préfomptueux.
Combien tes coups pour moi feront peu dan-
gereux.

SCENE II.

DÉJANIRE *seule.*

HERCULE, ACHELOUS, *Troupes de Guerriers.*

HERCULE, *aux Guerriers qui le suivent.*

JEUNES héros, modérez votre zèle :
Laissez-moi seul disputer en ce jour,
Une couronne offerte par l'amour.
Laissez-moi sans partage une gloire si belle ;
Arrêtez, demeurez, ne suivez point mes pas,
Contre tous ces guerriers, il suffit de mon bras.

CHŒUR.

D'un rival téméraire,
Punissons,
L'imprudente colere.
Attaquons,
Courons,
Volons.
Qu'il tombe sous nos coups qu'il nous rende
les armes.
Attaquons,
Courons,
Volons.
Plus le péril est grand, plus la gloire a de charmes.

Le combat s'engage, Hercule paroît d'abord repoussé.

S C E N E III.

DÉJANIRE *seule.*

Ciel ! quel spectacle affreux
Vient s'offrir à mes yeux !
Lente à servir mon amour & ma haine,
La victoire balance est encore incertaine !
Mon amant va périr !
O ! Dieux cruels le pouvez-vous souffrir !
Non, je ne pourrai te survivre,
S'il le faut pour te suivre,
Hercule je saurai mourir.

On entend le tonnerre.

SCENE IV.

DÉJANIRE, PHENICE, PEUPLE.

CHŒUR *du Peuple.*

O Jupiter! Dieu du tonnerre,
Appaife ton courroux ;
Détourne loin de nous
Ce bruit affreux qui fait trembler la terre.

PHENICE *à Déjanire.*

Tes murmures, tes plaintes,
Sans doute ont offenfé les Dieux :
Calmes tes tranfports & tes craintes,
Refpectes les décrets des Cieux.

LE PEUPLE.

O Jupiter! Dieu du tonnerre, &c.

PHENICE *à Déjanire.*

Soumets toi Déjanire aux ordres de ton pere ,
Ne nous attire point la célefte colere.

CHŒUR *du Peuple.*

L'orage enfin eft diffipé ,
Le ciel devient ferein, & le jour nous éclaire.
En ce moment au danger échappé ,

PHENICE *à Déjanire.*

Avec ce Peuple au danger échappé ,

E N S E M B L E.

Rendons graces aux Dieux , ceſſons de leur
déplaire.

On danſe.

PHENICE *à Déjanire.*

A I R.

Le héros que ton cœur adore
Fut autrefois en amour peu conſtant,
Regrete moins un infidèle amant,
Qui peut le devenir encore.

La gloire qui fait l'enchaîner,
Seule peut le fixer.

Le héros que ton cœur adore , &c.

A U T R E A I R.

Jeunes beautés dans le bel âge ,
Craignez de vous laiſſer charmer ,
Craignez que l'amour vous engage
Au dangereux plaiſir d'aimer.

Souvent plus d'un amant volage ,
D'un air ſoumis, d'un cœur léger ,

Sous les dehors d'un vain hommage,
Ne cherche, hélas ! qu'à vous tromper.

Jeunes beautés dans le bel âge, &c.

On danse.

AUTRE AIR.

Contre l'amour employons l'amour même ;
Forçons ce Dieu charmant
Qui fait notre tourment,
A le changer en un bonheur extrême.

Il ne nous rend heureux,
Il ne comble nos vœux,
Que lorsque l'on porte sa chaîne,
Sans soucis & sans peine :
Le Dieu des plaisirs & des jeux,
Se rit des maux des amans langoureux ;
Trop épris de ses feux.

Contre l'amour employons l'amour même, &c.

On danse.

AUTRE AIR.

Un amant
N'est souvent
Qu'un inconstant ;

Et volage & parjure :
En aimant,
Son cœur ment ;
N'eſt qu'impoſture :
Redoutés conſtamment,
Un tendre engagement.

Pour enflammer le cœur d'une Bergère,
N'eſt-il qu'un ſeul Berger ?
Dans l'univers entier,
N'eſt-il qu'un ſeul objet pour plaire.

Un amant, &c.
Pour éprouver du Dieu de la tendreſſe
Toute la douceur,
Jamais la rigueur,
D'une trop vive ardeur,
Défendez-vous ſans ceſſe.

Un amant, &c.

On danſe.

SCENE V.

DÉJANIRE, PHENICE.

DÉJANIRE.

QUEL silence profond, je ne vois plus per-
　　sonne ;
Et toi, Phenice, aussi tu m'abandonne,
　　Tu ne me dis plus rien,
　　Est-il un sort égal au mien.

PHENICE.

AIR.

Espère Déjanire,
Voir triomphant
L'heureux amant
Pour qui ton cœur soupire.

S'il est issu du sang des Dieux,
Il est invincible comme eux.

Espère *Déjanire*, &c.

DÉJANIRE.

Dequel espoir as-tu flatté mon cœur,
Je verrois Hercule vainqueur ;
A quoi dois-je m'attendre,

Dans

Dans un moment, hélas ! que vais-je apppren-
    dre ?
Mais dans les airs, quel bruit vient d'éclater ! *
Ah ! courons, je ne puis plus long-tems de-
    meurer.

   * *On entend de loin un bruit de guerre qui for-*
me l'ouverture du troisieme Acte.

      Fin du second Acte.

ACTE III.

Le Théâtre repréfente une Campagne.

SCENE PREMIERE.

UN CHEF DU PEUPLE, PEUPLES.

LE CHEF DU PEUPLE.

CHantez, chantez la gloire
Du Héros triomphant qui va régner fur vous,
Qu'au bruit de fes exploits, qu'au nom de fa
    victoire,
Ses rivaux tremblent tous.

CHŒUR.

Chantons, chantons la gloire
Du Héros triomphant qui va régner fur nous,
Qu'au bruit de fes exploits, qu'au nom de fa
    victoire,
Ses rivaux tremblent tous.

SCENE II.

DÉJANIRE, PEUPLES.

DÉJANIRE.

AIR.

Tendre Amour, auteur de ma flamme ;
O ! toi qui fais le tourment de mon cœur,
Calmes les transports de mon ame,
Ramene mon amant vainqueur.

CHŒUR.

Chantons, chantons la gloire, &c.

DÉJANIRE.

Ces cris & ces chants d'allégresse,
Cette fête, ces jeux
Flattent-ils ma tendresse ?
Vont-ils combler mes vœux ?

CHŒUR.

Chantons, chantons la gloire, &c.

DÉJANIRE.

Tendre Amour, auteur de ma flamme, &c.

DÉJANIRE.

Mais je me flatte envain, je ne dois plus l'attendre;
S'il n'avoit succombé, s'il eut pu se défendre,
Qui pourroit l'empêcher près de moi de se rendre,
Pour finir mon malheureux sort,
Il ne me reste que la mort.

(Elle tire un poignard.)

SCENE III.

DÉJANIRE, HERCULE, LE PEUPLE.

HERCULE.

DEjanire, arrêtez, vous êtes ma conquête...
Mais que dois-je penser de vous dans cette fête?
Quand j'obtiens votre main par le droit des
combats,
Avec empressement vous cherchez le trépas,
D'un rival malheureux vous plaignez la disgrace,
Jamais dans votre cœur je n'eus la moindre place.

DÉJANIRE.

Que vous me jugez mal! que vous êtes cruel!
Vous seul aviez causé mon désespoir mortel.

HERCULE.

Que dites-vous ma chere Déjanire ?
C'étoit pour moi que vous vouliez mourir ;
Ah ! qu'apréfent mon cœur doit vous chérir !
    O Ciel ! à peine je respire.

A I R.

Vivez, vivez, ô ! Déjanire !
Vivez pour régner sur mon cœur ;
sans vous que m'importe un empire,
Vivez, pour faire mon bonheur.

Du Dieu de la tendresse, enchaîné sur vos traces ;
  Nous goûterons les charmantes douceurs ;
  Pour le fixer, la Déesse des grâces,
  Vénus, vous a prodigué ses faveurs.

  Vivez, vivez, ô ! Déjanire, &c.

DÉJANIRE, HERCULE.

D U O.

Tendre Amours ! quels font tes bienfaits,
    Quand nos ames
    De tes flammes
Reffentent les divins effets.

Le bonheur ne commence
Que du moment heureux
Où nos cœurs amoureux
Eprouvent ta puiffance.

Tendre Amour ! quels font tes bienfaits, &c.

CHŒUR.

Quels fons harmonieux ?
Font retentir ces lieux !
Du féjour de la gloire,
Ils annoncent ici l'éclat majeftueux,
Et nos chants de victoire,
Ont monté jufqu'aux Cieux.

SCENE IV. ET DERNIERE.

Le Théâtre repréfente le Temple de la gloire.

ÉNÉE & les Acteurs précédens.

ENÉE, *à Hercule.*

Vos exploits font gravés au Temple de mémoire,
Prenez place, mon fils, à celui de la gloire;

Recevez-y les respects des mortels,
Et méritez d'eux des Autels.

(*Aux autres Acteurs.*)

Et vous, Peuples, chantez son heureuse victoire.

CHŒUR.

Chantons, chantons son bonheur & sa gloire,
Célébrons ses exploits gravés au Temple de
mémoire ;
Chantons, chantons sa brillante victoire.

UN CHEF DU PEUPLE.

Peuples réjouissez-vous,
Goûtez le sort le plus doux,
Sous les loix du héros que le destin vous donne,
Et qu'en cet heureux jour la fortune couronne.

CHŒUR.

Chantons, réjouissons-nous,
Goûtons le sort le plus doux,
Sous les loix du Héros que le destin nous donne,
Et qu'en cet heureux jour la fortune couronne.

On danse.

On voit la Paix qui présente une branche d'Olivier
aux différens Peuples qui viennent contempler
Hercule, tandis que la Victoire, la Fortune &
l'Amour le couronnent tour-à-tour.

On danse.

ARIETTE.

Tendre Amour à jamais viens enchaîner nos
      cœurs,
Par tes charmes divins, par tes attraits vainqueurs,
Dans l'univers tout est soumis à ton empire ;
Tu regnes, Dieu charmant, sur tout ce qui res-
      pire.

    Tu désarmes dans les Cieux
    Jusqu'au maître du tonnerre,
    Et par toi sur la terre,
    Les mortels font entre eux
    Ou la paix ou la guerre.

Tendre Amour, &c.

On danse.

FIN.